LES

ODEURS DE PARIS

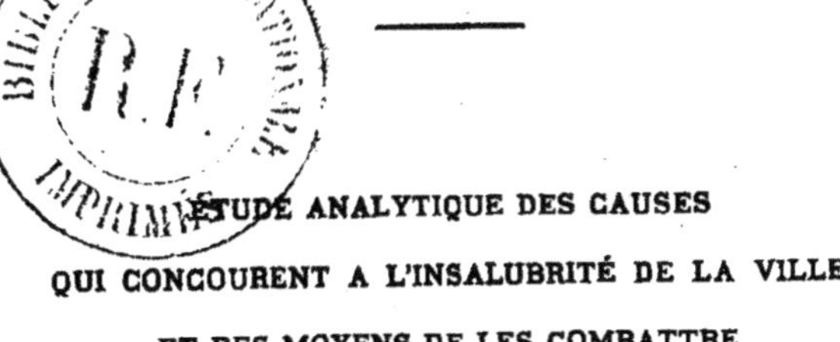

ÉTUDE ANALYTIQUE DES CAUSES

QUI CONCOURENT A L'INSALUBRITÉ DE LA VILLE

ET DES MOYENS DE LES COMBATTRE

PAR

J. CHRÉTIEN

INGÉNIEUR CIVIL

PARIS

J. BAUDRY, ÉDITEUR

15, RUE DES SAINTS-PÈRES

1881

LES ODEURS DE PARIS

ÉTUDE ANALYTIQUE DES CAUSES
QUI CONCOURENT A L'INSALUBRITÉ DE LA VILLE
ET DES MOYENS DE LES COMBATTRE

On s'émeut beaucoup, depuis quelque temps, et à juste titre, de ce que l'on a appelé « *les odeurs de Paris* ». Un immense tolle s'est élevé de toutes parts sur l'état d'insalubrité de la ville, fort exagéré le plus souvent, mais trop manifeste pendant les grandes chaleurs, pour qu'il puisse être nié. Il semble qu'on ait été à la veille d'un empoisonnement général ; qu'une épidémie d'un nouveau genre ait été imminente, et, la folle du logis aidant, on voit tout en noir pour l'avenir.

Quelque fondées que soient les plaintes qui se sont produites, il faut pourtant reconnaître que l'exagération a trop souvent dépassé les bornes. A bien prendre les choses, les conditions hygiéniques générales, à Paris, laissent moins à désirer que dans beaucoup de grandes et de petites villes, et même que dans beaucoup de campagnes (1). Mais il n'en est

(1) Voici comment s'exprime la *Gaceta industrial* de Madrid : « Les odeurs de Madrid l'emportent en tous points sur celles de Paris, comme variété, comme quantités et comme intensité ; elles sont aussi

pas moins vrai que de grandes améliorations peuvent être apportées à l'état de choses actuel, et qu'une population de plus de deux millions d'habitants est en droit d'exiger davantage.

ÉTAT D'INSALUBRITÉ DE LA VILLE

« *Les odeurs de Paris* », pour employer le mot désormais consacré, devenant moins incommodes pendant l'hiver et le printemps, perdant ainsi le caractère d'actualité qui fut le principal motif d'une agitation qui dure encore, il est à craindre que l'on cesse de s'en occuper avec une persévérance suffisante sauf à redoubler les récriminations l'année prochaine, quand les mêmes causes auront ramené les mêmes effets. Car ce n'est pas d'hier seulement qu'elles existent, ces terribles odeurs. Chaque année les mêmes phénomènes se produisent avec plus ou moins d'intensité, selon ce que sont les saisons. Peut-être y a-t-il quelque aggravation d'année en année. Le fait est douteux; mais, en tout cas, cette aggravation est légère et beaucoup moindre qu'on ne le suppose généralement.

Il y a vingt-cinq ans que l'état d'insalubrité dont on se plaint si vivement aujourd'hui, m'avait particulièrement frappé, et que je me préoccupais de rechercher les moyens d'y obvier. L'assainissement général de la ville, l'aménagement des égouts et l'utilisation agri-

---

beaucoup plus dangereuses. Il y a des endroits, même au centre de notre capitale, où les odeurs de Paris seraient des parfums délicats. Pour ne pas blesser l'amour-propre d'une rue assez centrale, nous n'en citerons pas le nom ; mais le fait est que nous avons dû revenir en arrière aussitôt après y avoir pénétré à cause de son infection insupportable.

cole des eaux qu'ils déversaient alors directement dans la Seine, furent l'objet d'études
auxquelles je me consacrais presque exclusi-
vement et d'une série d'expériences et d'ana-
lyses, qui ne furent pas sans de grandes difficultés. Je résumai mes recherches et mon
travail dans un premier projet, qui fut soumis
à l'Administration en 1859, et qui fut plus ou
moins enterré dans les cartons. Pourtant,
j'eus par la suite la satisfaction, toute plato-
nique, de constater que l'on entrait peu à peu
dans la voie pratique que j'avais indiquée à
diverses reprises, dans des pétitions et des
projets déposés à plusieurs années d'inter-
valle.

J'eus ainsi l'honneur d'avoir, le premier,
appelé l'attention publique et celle de l'Administration sur un état de choses qui ne pouvait se perpétuer bien longtemps, et d'avoir
indiqué une solution rationnelle dont, peut-
être, on eût dû moins s'écarter.

La question d'hygiène et de salubrité publiques ayant été l'objet de ma préoccupa-
tion constante pendant un quart de siècle, je
crois utile d'exposer mes idées sur le grave
problème dont l'opinion publique, justement
émue, exige une solution satisfaisante. Chacun de nous a le droit et le devoir d'intervenir dans des questions de ce genre, quand il
croit pouvoir fournir d'utiles indications.

Le méphitisme est toujours essentiellement
local : il varie de nature, de durée et d'intensité, selon les causes qui le produisent ou qui
l'atténuent. Il n'est pas de ville, ni même de
village, où il ne soit reconnu que telle partie
est plus ou moins saine que telle autre qui
l'avoisine. Pour ne prendre d'exemple qu'à
Paris même, il est hors de doute que certains
quartiers, comme ceux du Luxembourg et du
parc Monceaux, par exemple, ne laissent

presque rien à désirer, en quelque temps que ce soit, sous le rapport de la salubrité ; tandis que d'autres avoisinants, sont parfois dans des conditions déplorables.

Bien plus : non seulement des différences tranchées existent d'un quartier à l'autre ; mais elles sont quelquefois très marquées entre deux rues voisines, d'une maison à celle qui la touche ou lui fait face. Il n'est même pas jusqu'aux différents étages d'une même maison, aux différentes pièces d'un même appartement qui ne présentent des différences plus ou moins sensibles, selon que varient les conditions d'aération, d'exposition à la lumière.

Ces considérations montrent combien il serait important de connaître les diverses causes qui contribuent à la production du méphitisme et l'influence locale de chacune d'elles, afin de pouvoir porter le remède là où se développe la cause du mal.

Dès que les mauvaises odeurs de Paris furent à l'ordre du jour dans les préoccupations publiques, des opinions diverses se manifestèrent sur les causes auxquelles on devait les attribuer. Les uns accusaient les usines insalubres de la banlieue, qu'il fallait supprimer ou expulser au loin ; les autres ne voyaient que les égouts qu'ils disaient défectueux, ou les divers systèmes de vidanges qu'il fallait changer. Puis survint le grave accident du boulevard Rochechouart, qui frappa fortement les esprits et attira tout particulièrement l'attention publique sur le service des égouts et les modes de vidange en usage.

On a pu constater une grande variété dans les opinions qui se sont manifestées à ce sujet ; mais personne, que je sache, n'a envisagé la question au point de vue d'ensemble élevé qui convient à l'étude d'un si grave

problème. Personne n'a indiqué les causes
diverses desquelles résulte l'insalubrité de la
ville, en faisant connaître l'importance de
chacune d'elles.

Généralement on fait de l'empirisme quand
il faut beaucoup de méthode ; on croit trouver
une cause unique quand l'analyse raisonnée
des phénomènes en montre un grand nombre,
apportant chacune son contingent particulier ;
on préconise une panacée quand il faut tout
un ensemble de moyens très différents, con-
courant tous au but à atteindre.

Quelles sont les causes de l'infection dont
il s'agit et quelle est l'importance de chacune
d'elles ? Voilà ce qu'il importe, avant tout, de
déterminer autant que possible. Puis, de la
connaissance de ces causes pourra découler
l'indication de moyens plus ou moins efficaces
et pratiques pour les combattre.

Ces causes sont excessivement nombreuses;
de plus elles sont variables à chaque instant et
à chaque endroit, ce qui rend tout à fait impossible une détermination précise. Aussi ne
faut-il rechercher que les causes générales
les plus agissantes : celles auxquelles on doit
attribuer une part importante dans l'insalubrité générale.

Si l'absence de moyens scientifiques appli-
cables à cette investigation ; si l'extrême
variété que présente le méphitisme dans son
essence, comme dans son intensité, selon les
temps et les lieux, s'opposent à la détermination rigoureuse des causes qui le produisent,
on peut du moins arriver à une certaine ap-
proximation, en procédant avec méthode dans
l'analyse raisonnée des faits et des phénomènes observés. Pour cela il importe de
s'éclairer par la discussion des diverses
opinions émises ; d'étudier les variations qui
se produisent dans la santé publique, de savoir

quelles sont les maladies que peut engendrer ou favoriser l'insalubrité locale, de tenir compte des impressions des sens, dans une mesure convenable, en un mot il faut une observation longtemps soutenue, une étude persévérante et approfondie de cette délicate question. Naturellement il doit résulter de là de grandes divergences d'appréciations; mais il est bien certain que, lorsque cette question aura été élucidée davantage par des discussions et la publication d'études sérieuses, il s'établira, sinon une manière de voir uniforme, du moins un certain accord d'où résultera une solution convenable. Il est impossible que le concours des nombreuses intelligences préoccupées de cette question reste sans résultat utile.

Si l'on considère l'ensemble de la ville dans l'état actuel et si l'on représente par cent la somme des causes qui contribuent à son insalubrité, on peut, selon moi, les répartir dans les proportions suivantes qui, je le répète, n'ont rien d'absolu :

1º L'état de la voie publique 30
2º Les modes de vidanges actuels . . 15
3º Les égouts. 15
4º Les habitations. 10
5º Le gaz. 5
6º Les cimetières et usines *intra-muros* 5
7º Les établissements classés de la banlieue 5
8º Les émanations animales directes. 5
9º Autres causes diverses. 10

Quelques développements spéciaux sur chacun de ces points sont nécessaires pour justifier les évaluations qui précèdent et pour indiquer les mesures que réclament chacun d'eux. Les voici aussi sommairement exposés que le comporte le cadre de cette étude :

1° L'ÉTAT DE LA VOIE PUBLIQUE

La voie publique est le grand réceptacle d'une foule de détritus et de matières en état de décomposition : c'est le principal foyer où se développent et se propagent]les mauvaises odeurs et le méphitisme ; c'est le réservoir commun, par excellence, où se prennent la plupart des maladies engendrées par l'insalubrité locale. Les miasmes et les poussières malsaines dont l'air des rues est chargé pénètrent dans les appartements où les germes nuisibles prennent leur développement.

Beaucoup de maladies, dont on cherche en vain la cause, n'ont pas d'autre origine. Vraisemblablement même, c'est dans l'état fortement contaminé de la voie publique qu'il faut voir la source principale de la plupart des maladies cholériformes ou typhoïdes, qui menacent de devenir endémiques à Paris.

La commission spéciale pour l'étude des causes de l'infection, nommée par le conseil d'hygiène publique et de salubrité du département de la Seine, dit, dans son rapport du 29 septembre 1880 :

« Les émanations des bouches d'égout, pas plus que celles qui sortent des grandes cheminées de nos usines, ou qui résultent de travaux de terrassement dans diverses rues de Paris, ne contribuent, en quoi que ce soit, au développement ou à la propagation des affections épidémiques. »

Ces savants, qui jouissent de la confiance administrative, énumèrent des causes auxquelles il ne faut pas attribuer les maladies épidémiques qui présentent une toute autre gravité que les odeurs dont on a fait tant de bruit. Mais ce qu'ils auraient bien dû signaler également, ce sont les causes mêmes qui

développent ou propagent ces maladies. Nul
doute que, s'ils se fussent livrés à cette recherche, leur conclusion n'eût confirmé l'opinion que je viens d'émettre.

Le chiffre de 30 pour 100 indiqué pour le
tantième afférent à la voie publique est loin
d'être exagéré ; peut-être même ne repré-
sente-t-il qu'une moyenne insuffisante. Ce
qui est certain, c'est qu'il faudrait l'augmenter de beaucoup pour quelques quartiers excentriques où les égouts sont inachevés, et
pour d'autres du centre où le service de la
voirie est insuffisant, comme par exemple
les abords des Halles dans la matinée.

Si l'on considère ce que la voie publique
reçoit, chaque jour, d'immondices de toutes
sortes et le temps qu'elles y séjournent; comment ces immondices sont mélangées et pul-
vérisées sans cesse par la circulation des pié-
tons et des voitures ; comment elles sont des-
séchées par le soleil et disséminées par le
vent ; comment leurs poussières malsaines
pénètrent dans les voies respiratoires, dans
l'état d'extrême division qui est le plus favorable à l'action des germes insalubres qu'elles
contiennent ; la quantité enfin, de poussières
du-dehors qui pénètrent dans tous les appartements, on est bien forcé de reconnaître
qu'il y a là un élément considérable d'insalubrité, une cause éminemment active dans la
détermination ou la propagation de nombreuses maladies.

Indépendamment des détritus les plus divers, la voie publique reçoit directement les
déjections des chevaux, des chiens, etc., et,
sur certains points, des habitants eux-mêmes
principalement des enfants ; les ordures de
chaque maison y sont jetées, et malgré les
règlements, malgré les balayages, qui souvent ne font que les disperser, la voie publi-

que n'est jamais suffisamment propre. Des lavages fréquents, à grande eau, pourraient seuls donner une propreté suffisante au point de vue de l'hygiène.

Ce n'est qu'en tenant compte de ces diverses considérations ainsi que de l'immense surface que présentent, dans leur ensemble, les rues, les places publiques et les cours où sont disséminés les multiples éléments d'insalubrité, que l'on peut apprécier convenablement l'importance de l'état dans lequel se trouvent les voies publiques.

De toutes les choses qui souillent la voie publique, celles qui agissent le plus activement et qui sont le plus aptes à produire ou à communiquer des maladies, sont les déjections animales. Ces déjections sont funestes, moins par la quantité pourtant considérable, qu'elles représentent, que par la rapidité avec laquelle elles se putréfient et se mélangent aux poussières et autres matières très divisées. C'est une sorte de levain jeté dans un milieu propice à l'éclosion d'une foule d'animalcules, de germes morbides et insalubres. Elles contiennent enfin les éléments d'un grand nombre de maladies qui se transmettent le plus souvent de cette manière. L'air chargé des poussières et des miasmes de la voie publique ne saurait être inoffensif. C'est à le purifier qu'il faut viser avant tout, dans l'intérêt de la santé publique.

Les chevaux, par leur nombre toujours croissant et la quantité de leurs déjections, contribuent principalement à ce genre d'infection de la voie publique. Qui n'a remarqué aux abords des stations d'omnibus et de petites voitures les cloaques infects qui s'y trouvent à l'état permanent? Il semble qu'il n'y ait d'autre remède à cela que les lavages plus fréquents, à grande eau, sur tous les points plus fréquemment souillés. Il semble aussi que, loin de vouloir disparaître, cet état de choses ne peut que s'aggraver ; car les moyens de transport sont notoirement insuffisants et la circulation des chevaux et des voitures s'augmente chaque jour davantage.

On aura beau créer de nouveaux omnibus, faire de nouveaux tramways, percer même des avenues nouvelles, les moyens de communication facile resteront toujours insuffisants et c'est en vain qu'on augmentera le nombre des chevaux en service, à cause des habitudes et des besoins de déplacement facile de la population qui s'accroissent de plus en plus. La circulation restera toujours entravée sur les points où elle est le plus active et où, par conséquent, elle devrait être le plus facile. Les rues actuelles sont trop encombrées, elles sont manifestement insuffisantes en beaucoup d'endroits, c'est une gêne pour tout le monde sans compter les nombreux accidents qui en résultent.

Il faudra donc se résigner à voir augmenter encore, plutôt que diminuer, le nombre des chevaux en service à Paris, quelque dommage qu'en éprouve la santé publique ; tant que l'on n'aura pas créé d'autres moyens de transport que ceux actuellement en usage.

Ainsi, d'une part, insuffisance de chevaux pour répondre à tous les besoins de déplacement ; d'autre part, nécessité, au point de vue de l'hygiène, d'en réduire le nombre autant que possible ; de plus, insuffisance des rues et nécessité d'obvier à leur encombrement trop fréquent.

Telle est bien la véritable situation, et la logique la plus élémentaire indique, comme solution obligée, la création d'un nouveau réseau de voies aériennes ou souterraines, avec des moyens de traction mécanique. De grandes villes, en Europe et en Amérique, sont du reste entrées dans cette voie, et si l'on peut différer sur le choix des moyens, on ne saurait arguer d'impossibilités, ni de difficultés trop grandes.

La création, à Paris, de chemins de fer souterrains ou aériens, déjà souvent projetée depuis quelques années, ne saurait maintenant être ajournée davantage ; car, en même temps que la nécessité s'en fait de plus en plus sentir, un moyen nouveau se présente, qui n'offre aucun des inconvénients que l'on peut reprocher à tous ceux que l'on a appliqués ou proposés jusqu'ici, pour le service de la traction dans les villes.

L'électricité est, en effet, le moyen qui convient par excellence pour la traction sur les chemins de fer urbains : moteurs légers, ne faisant ni bruit ni fumée, ne présentant aucun danger, permettant à la fois des vitesses grandes ou petites, force plus économique qu'aucune autre : que faut-il de plus ! Pourquoi hésiter plus longtemps à appliquer un moyen dont le besoin se fait si grandement sentir au point de vue des commodités de la population comme à celui de la salubrité de la ville ! Attendra-t-on que les chemins de fer électriques nous viennent de l'étranger, quand les meilleures machines de ce genre sont les machines françaises ; quand l'idée de les employer comme moteurs est essentiellement française ; quand les seules applications de l'électricité, comme force motrice, qui aient été faites à l'heure actuelle, sur une grande échelle, sont encore des applications françaises !...

Il y a urgence à tous les points de vue, et l'honneur national est plus engagé à prendre l'initiative dans les solutions de ce genre, que dans maintes questions qui le concernent moins. Il faut que l'administration compétente, la ville, l'Etat, peu importe, se préoccupe de cela ; il faut se décider et aboutir vite. Il faut, au besoin, laisser faire l'initiative privée : d'autant plus qu'il y aurait dès à présent, sans nul doute, des demandes de concessions ou d'autorisations en instance, si le bon vouloir pur et simple de l'administration était acquis ; si l'on n'avait à redouter ni les lenteurs habituelles, ni les exigences trop grandes, ni les entraves de toutes sortes qui paralysent toujours plus ou moins les efforts individuels.

Je suis persuadé, en effet, que, sans ces réserves, des Sociétés se formeraient avant peu, pour la construction et l'exploitation de chemins de fer électriques et que ces Sociétés trouveraient dans un trafic, dépassant leurs prévisions elles-mêmes, une juste rémunération de leur initiative et de leurs dépenses.

Il va sans dire que les chemins de fer souterrains ne sauraient convenir que pour le service des marchandises et matières diverses. Ce n'est pas au moment où l'on se plaint si fort d'être incommodé par les mauvaises odeurs qu'il faudrait songer à faire circuler les voyageurs dans des souterrains. Pareille chose se comprend, à la rigueur, au pays des brouillards, où il ne fait guère plus beau au soleil, quand il y en a, que dans les tunnels ; malgré que le fameux métropolitain de Londres, si souvent vanté, ne soit qu'un affreux étouffoir. Il faut autre chose à Paris : voyager sous le sol quand on a le grand air ; jamais ! ce serait trop insensé.

Il ne reste donc, comme solution, que la création de voies aériennes comme il en existe déjà à New-York et dans plusieurs autres grandes villes. Le moment est venu d'entrer résolument dans cette voie, et de commencer les premiers tronçons d'un réseau qui, dans un avenir prochain, devrait s'étendre sur toute la superficie de la ville. Il faudrait donc, dès à présent, que l'administration compétente fît étudier et arrêtât un tracé d'ensemble général, qui recevrait son exécution par fractions en mettant celles-ci en adjudications successives, dans l'ordre de leur utilité.

Ainsi se trouverait tranchée de la façon la plus satisfaisante, une importante question d'utilité générale.

Après les déjections qui contribuent pour la grosse part, à l'infection de la voie publique, viennent les détritus et ordures de toutes sortes que l'on y dépose sans cesse et dont l'enlèvement pourrait être amélioré. Il arrive en effet qu'avec les procédés actuels, pendant les jours de sécheresse et de vent notamment, les balayeurs feraient souvent mieux de rester tranquilles que de disséminer à tous les vents les masses de poussière qu'ils remuent, à peu près inutilement, mais non sans inconvénients pour les passants. De même, le chargement des tombereaux d'enlèvement est aussi défectueux, par les mêmes raisons.

On pourrait améliorer tout cela en faisant des arrosages suffisants avant le balayage; en multipliant les balayeuses mécaniques; en employant, pour l'enlèvement des immondices des tombereaux fermés, au lieu de ceux découverts qui répandent un peu partout sur leur chemin les immondices qu'ils emportent. On pourrait aussi avoir dans les quartiers centraux, de nombreuses décharges, par où ces immondices seraient versées dans des wagons fermés, qui s'en iraient par les voies souterraines.

Mais ce qu'il faudrait surtout, ce serait, dès qu'on disposera de quantités d'eau suffisante; de remplacer tout cela par le balayage direct à l'égout, de manière à n'avoir d'autre moyen de transport des immondices que l'entraînement par le courant de l'eau. Il serait ensuite facile de procéder à l'enlèvement des matières ainsi entraînées, au moyen d'appareils mécaniques établis dans des bassins, où elles viendraient s'accumuler.

Ce qui précède montre comment on peut réduire les causes qui, en souillant la voie publique, vicient l'air dans lequel nous vivons, mais là ne réside pas tout le problème. L'hygiène exige en outre que l'on cherche à purifier cet air. Or, la nature fournit un moyen efficace, très simple et qui, par surcroît, offre beaucoup d'agréments. La végétation, est le moyen par excellence de régénération de l'air: les pelouses, les arbres, les jardins, les parcs, sont d'un grand charme pour une grande ville : c'est donc à la végétation qu'il faut recourir sans marchander.

Mais, de même que le méphitisme est essentiellement local; de même aussi, l'action des purificateurs est elle-même essentiellement locale. Si l'air de quelques forêts et de certaines prairies possède en excès les qualités qui manquent à l'air des grandes villes, il ne suffirait pas du voisinage des unes et des autres pour établir un équilibre qui serait fort désirable. Non, il faut que l'agent anti-méphitique se trouve au lieu même où il doit agir; il faut en d'autres termes, disséminer le plus possible les centres de végétation, dans la ville dont on veut régénérer l'air.

Envisagées à ce seul point de vue, les vastes étendues du bois de Boulogne et de Vincennes, les parcs de Montsouris et des Buttes-Chaumont, les jardins du Luxembourg et des Tuileries, auraient une action plus efficace si leur étendue était amoindrie au profit des quartiers où les jardins font le plus défaut.

Les plantations d'arbres qui existent sur les boulevards et les avenues, contribueraient puissamment à l'assainissement général, si ceux-ci avaient toujours, dans la belle saison, la végétation vigoureuse et luxuriante qui leur fait complètement défaut : si pendant les grandes chaleurs ils donnaient en même temps l'ombrage et la fraîcheur qu'on pourrait raisonnablement en attendre. Dès les premières chaleurs, en effet, les arbres des boulevards jaunissent et perdent leur feuillage, leur pousse est caduque et ils se dessèchent rapidement ; beaucoup même meurent chaque année. Tout cela n'a lieu principalement que par le manque d'arrosage ; quand il faudrait chaque jour des tonneaux d'eau, ce n'est qu'à de rares intervalles que l'on en donne quelque peu. En serait-on encore à devoir démontrer la nécessité de l'eau prodiguée en abondance pour développer une belle végétation ! A quoi bon planter à si grands frais des arbres en grande quantité, si on les néglige à tel point qu'ils ne servent presque plus à rien pendant les grandes chaleurs de l'été ! Mieux vaudrait n'en avoir que la moitié, à la condition qu'ils fussent bien entretenus, et que par suite ils fussent beaux et touffus.

Une preuve, parmi beaucoup d'autres, que le manque d'eau est la cause principale du dépérissement de ces arbres, c'est que ceux d'entre eux qui sont placés près des bornes fontaines et autres endroits où l'eau coule fréquemment, prennent un bien plus beau développement que les autres et qu'ils n'ont jamais besoin d'être arrachés.

Donc, pour mieux régénérer l'air, il faut multiplier les plantations et les jardins publics : il faut surtout mieux entretenir les arbres qui existent, en leur donnant toute l'eau dont ils ont besoin.

Je ne saurais quitter ce sujet sans insister sur un vœu bien souvent émis : la transformation du Champ-de-Mars, dont le procès

2

n'est plus à faire, tant on en a démontré les inconvénients. C'est en effet un lieu fort insalubre par lui-même ; car les centaines ou les milliers de chevaux qui y passent ou y manœuvrent, y laissent leurs déjections qui ne sont ni balayées, ni lavées, même par la pluie qui y produit des mares d'eau sale et un affreux gâchis plutôt qu'elle ne nettoie le sol. Ces ordures se mêlent à la poussière d'un sol où aucune espèce de végétation n'existe pour les assimiler. Par les grandes chaleurs les poussières fines de cette vaste étendue sont remuées par le vent et s'élèvent en tourbillons qui fréquemment obscurcissent l'air et s'étendent au loin. Pendant les pluies, au contraire, il s'y forme des cloaques fort gênants ; enfin en tout temps, c'est un espace très désagréable à traverser qui nuit beaucoup aux deux centres importants qui l'avoisinent : Grenelle et le Gros-Caillou.

Au lieu de cela on pourrait, à la satisfaction générale, diviser le Champ-de-Mars en trois parties, à peu près égales : faire de celle du milieu une petite ville qui relierait les quartiers voisins, et faire de chacun des deux autres tiers, des parcs ou jardins publics, qui se trouveraient, l'un devant l'Ecole militaire, l'autre au bord de la Seine. A cette transformation, l'hygiène publique et les intérêts de la ville trouveraient leur compte : le service de la guerre seul peut y trouver à redire.

Mais est-il donc bien nécessaire qu'un terrain de manœuvre de cette étendue, soit dans l'intérieur de Paris même ? Faut-il donc que les vieux errements se perpétuent à jamais et que le maintien de certaines attributions, fasse obstacle à des mesures d'utilité publique unanimement reconnues ! Est-ce que l'offre de la Ville, de remplacer ce champ de manœuvre, par un autre, au moins aussi propice, hors Paris : de faire les frais d'aménagements nécessaires, d'accepter enfin toutes les conditions d'un traité équitable, ne devrait pas mettre fin à toute opposition ?

On n'a jamais donné de raisons péremptoires en faveur du maintien de l'état actuel du Champ-de-Mars. Ce qui l'a toujours emporté, c'est qu'à toutes les tentatives qui ont été faites pour son acquisition, le ministère de la guerre a toujours répondu : non ! Mais vraiment, est-ce bien là une raison suffisante !

2° LES VIDANGES.

Les moyens actuels de vidange ont été assez généralement accusés d'être la principale cause de l'infection de Paris. Les discussions et les révélations qui ont eu lieu ont montré, en effet, ce qu'ils ont de défectueux, de dangereux même, et combien les règlements les plus sévères sont impuissants à y remédier.

Si les vidanges ont quelque chose d'extrêmement désagréable par les odeurs nauséabondes qu'elles exhalent, l'action qu'elles exercent sur la salubrité n'est heureusement pas en rapport avec l'intensité de ces odeurs : cette action est considérablement moins pernicieuse que celle des poussières contaminées répandues sur la voie publique. Les odeurs qui s'exhalent pendant l'extraction des vidanges se font sentir pendant un temps très court et restent essentiellement locales ; de plus le foyer d'émanation se décèle assez de lui-même et permet de s'en éloigner rapidement, mais il n'en est pas moins vrai que ces émanations sont telles qu'on s'exagère facilement leur influence sur la salubrité de la ville : le mal est plus apparent que réel. Néanmoins il ne faut pas se dissimuler qu'il y a là un élément d'infection considérable, et que l'on doit évaluer à 15 0/0 des causes générales d'insalubrité.

Les divers systèmes de vidanges ont leurs partisans et leurs détracteurs plus ou moins convaincus, plus ou moins intéressés. A dire vrai, ils sont tous fort critiquables. Les fosses fixes avec leurs tuyaux d'évent et les tonneaux d'enlèvement ainsi que les dépotoirs qui en sont la conséquence, sont fort heureusement condamnés et tendent à disparaître, bien qu'il se trouve encore de nombreux intéressés pour les défendre. Les divers systèmes mobiles, plus ou moins diviseurs, plus ou moins filtrants ne retiennent que fort peu de chose des matières solides ; car elles ne conservent guère que des corps inertes après avoir délayé le reste dans des masses d'eau assez grandes pour conduire à l'égout la partie la plus active et la plus considérable des déjections.

Tous les récepteurs entre la production et l'enlèvement : fosses fixes ou réservoirs mobiles, ont le défaut commun d'emmagasiner pendant un temps plus ou moins long, des matières éminemment putrescibles et, par conséquent, de permettre à celles-ci d'arriver à un degré dangereux, considérablement plus grand que celui qu'elles ont à leur état initial.

Le grand désidératum, en matière d'hygiène publique et de vidanges, consiste à disposer d'une quantité suffisante d'eau de lavage et à aménager toutes les habitations de telle sorte que les déjections soient entraînées sur-le-champ dans les égouts, par des masses d'eau qui laissent en tout temps les conduits parfaitement propres.

A quoi bon, en effet, emmagasiner des matières dont on a tout intérêt à se débarrasser le plus tôt possible ? Les moyens de vidange actuels sont donc essentiellement transitoires et l'on n'est forcé d'y avoir recours qu'en raison de l'insuffisance de l'eau dont on dispose. Mais cette pénurie d'eau ne saurait tarder à cesser, et alors la seule bonne solution à adopter deviendra facile.

L'application de la vidange directe, impossible actuellement dans les petits égouts est cependant faisable dans le voisinage du grand collecteur et dans ceux des autres égouts où il y a toujours un certain courant d'eau. On pourrait dès à présent donner plus d'extension à ce mode de procéder ; car la quantité d'eau que reçoivent actuellement les grands égouts est suffisante pour entraîner, sans inconvénients, les vidanges directes qui peuvent y aboutir. Dans la période de transition où nous sommes, il convient que les choses ne restent pas stationnaires et qu'il y ait un acheminement graduel vers la solution définitive qui est la suppression totale de toutes les fosses et appareils servant aux vidanges : l'envoi direct aux égouts ; comme conséquence naturelle la suppression de tous les dépotoirs et des usines les plus insalubres de la banlieue.

3° LES ÉGOUTS

Les égouts, dans l'état actuel des choses ont une part assez importante dans l'insalubrité de la ville ; mais c'est bien à tort que beaucoup de gens les ont accusés d'être la principale cause de l'infection générale de l'été dernier. De même que pour les vidanges, dont l'action se confond souvent avec celle des égouts, de manière à ne faire de l'une et de l'autre qu'une seule et même cause ; si l'on ne considère que l'influence générale, au lieu

de ne voir que les effets sur quelques points
où l'infection prend des proportions anor-
males, il convient de réduire à 15 pour cent
au maximum le tantième inhérent aux égouts
dans l'insalubrité de la ville.

Le service des égouts, sans être irrépro-
chable, est cependant fait à Paris, d'une façon
généralement très satisfaisante. De graves
accidents se sont produits récemment, il est
vrai ; mais il ne faut pas se dissimuler qu'il
en a toujours été ainsi, pour une cause ou
pour une autre, et qu'il serait difficile, sinon
impossible de prévenir le retour de semblables
catastrophes dans un service de ce genre et de
cette importance. Si donc il est bon de stimuler
la vigilance que réclame le service des égouts,
il ne faut pas non plus exagérer les récriminations, au point de ne voir que les défauts,
sans tenir compte des difficultés.

Quand tous les projets qui consistent à
amener à Paris des quantités d'eau considé-
rables, auront été réalisés, quand on n'aura
plus rien à désirer sur ce point et que l'eau
sera libéralement prodiguée, non seulement
sur la voie publique, mais aussi à chaque
étage de toutes les maisons, et pour tous les
services, l'état des égouts sera assez amélioré
pour ne plus donner lieu aux justes plaintes
qui se produisent actuellement.

Avec de l'eau en abondance, et quoi qu'on
fasse on n'en aura jamais trop pour satisfaire
à tous les besoins, on pourra, sans inconvénient
aucun, envoyer aux égouts toutes les vidanges
et les immondices de toutes provenances.

Ici se présente un autre problème d'une
importance également capitale : que faire de
ces masses d'eaux vannes? où les conduire ?
comment les utiliser ? Car il ne faudrait pas,
pour assainir une grande ville, infecter d'autres
localités. Il ne faudrait pas non plus sacrifier

en pure perte des eaux qui contiennent, comme principes fertilisants, de quoi produire chaque année de riches récoltes : plusieurs millions d'hectolitres de blé par exemple (1).

L'agriculture souffre trop du manque d'engrais, pour que l'on puisse penser sérieusement à se débarrasser purement et simplement des eaux d'égout, quand même la chose serait aussi facile qu'elle peut le paraître au premier abord. D'autant plus que la matière fertilisante ou engrais demande à être associée à de grandes quantités d'eau pour produire son maximum d'effet. C'est donc bien le cas d'entraîner la pratique agricole dans l'emploi des engrais fortement dilués ; puisqu'on peut déjà distribuer sur de vastes étendues des eaux d'égout, chargées de principes fertilisants et qui, de plus, sont à une température relativement élevée qui ajoute encore à leur efficacité.

L'expérience qui se poursuit, depuis plusieurs années, dans la plaine de Gennevilliers, ne peut laisser aucun doute sur la valeur agricole des eaux d'égout. La culture maraîchère réussit à merveille dans ces terres où l'on ne faisait auparavant que de maigres récoltes. Pourtant, les agriculteurs et les habitants de cette localité, mus par des sentiments divers, n'acceptent pas, sans de nombreuses protestations, les nouvelles pratiques de culture et le voisinage des rigoles qui conduisent les eaux d'égout.

A entendre les récriminations qui se sont

---

(1) « Quand Paris aura trois millions d'habitants, si l'on continue le système actuel, on devra déserter la Seine, depuis le pont d'Asnières jusqu'au Havre. Au lieu de ce funeste résultat, on pourrait produire avec les produits des égouts, de 6 à 10 millions d'hectolitres de blé, d'une valeur de 120 à 200 millions. »
(Barral. — *Journal d'agriculture pratique* 1861).

produites et qui durent encore, il semblerait
que la tentative de la Ville fût la ruine du
pays, alors qu'il est hors de conteste que la
propriété y a plus que décuplé de valeur en
quelques années. Aussi, est-ce dans un autre
ordre d'idées que dans celui de préjudices
éprouvés ou d'insuccès pratiques, qu'il faut
chercher la cause de tant de plaintes assurément mal fondées.

N'y a-t-il pas là la manifestation d'un phé-
nomène bien connu, qui se produit chaque
fois, qu'une innovation quelconque est intro-
duite dans une contrée? Ce fait n'est-il pas du
même ordre que celui qui fait accueillir avec
défiance l'étranger qui apporte une industrie
nouvelle dans un pays? Ne peut-on rappro-
cher ces plaintes de celles que l'on entend si
fréquemment quand il s'agit de l'établisse-
ment d'un chemin de fer, où l'on voit des
populations entières crier à la ruine, quand,
au contraire, c'est la prospérité qui leur
vient? C'est donc l'éternelle histoire de toute
dérogation aux usages de la routine, et ici,
plus qu'en toute autre circonstance, il fallait
s'attendre à des protestations de toutes sortes, aussi peu justifiées qu'elles pussent l'être.
C'eût été miracle qu'il en fût autrement.

Le désir d'une expropriation largement
payée, que l'on attend plus ou moins osten-
siblement, n'est peut-être pas non plus la
moindre des raisons, ce qui expliquerait bien
des choses. Faut-il s'étonner de cela quand
on a vu tant de fortunes édifiées uniquement
sur des spéculations de ce genre; quand on a
vu, par exemple, non loin de Gennevilliers
même, deux grands industriels demander,
l'un un million et l'autre huit cent mille
francs d'indemnité à une compagnie qui ve-
nait de redresser et d'améliorer un chemin,
ce dont ils étaient les premiers à bénéficier.
Ces prétentions étaient tellement monstrueu-

ses que le jury accorda une indemnité d'un franc à chacun d'eux, sous la réserve qu'ils auraient à faire reconnaître leurs droits par un jugement.

On ne saurait trop s'élever contre la prévention mal fondée qui existe contre les eaux d'égout employées aux usages agricoles. Sans doute, lorsqu'elles sont employées à hautes doses, elles laissent à certains moments échapper des odeurs : mais est-ce que ces odeurs sont plus fortes, ou seulement comparables à celles que répand le fumier de ferme ou les balayures de la ville que cultivateurs et maraîchers vont chercher bien loin et payent à beaux deniers.

On a émis la crainte d'une saturation du sol à force d'y envoyer ces eaux ; mais quand on choisit convenablement les endroits, est-ce qu'un sol perméable peut recevoir trop d'eau fertilisante ? est-ce que selon une loi, plus ou moins exacte, mais qui est une précieuse indication, la production du sol n'est pas en raison directe du carré de la quantité d'engrais qu'on lui donne (1) ?

Du reste, la terre arable et les prairies sont les assimilateurs et les désinfectants par excellence. On peut arroser d'une forte quantité d'eau polluée, d'urine même, une couche de terre d'une épaisseur convenable et recueillir ensuite une eau claire, plus ou moins pure, mais assurément privée de toute action infectante.

C'est en me plaçant au double point de vue de l'assainissement de la ville et de l'utilisation agricole des eaux d'égout, que, dès 1856, je me livrais à l'étude de ces questions et que

---

(1) M. Moll, dont la compétence est si grande en ces matières, a formulé cette loi dans son cours au Conservatoire des arts et métiers.

furent conçus les différents projets dont il a déjà été parlé. Voici le résumé succinct des conclusions auxquelles ces travaux m'avaient conduit :

1° Construire le grand égout collecteur, dont il était seulement question à cette époque, de manière à le faire aboutir, non dans la Seine, mais dans de vastes bassins recouverts par un sol cultivé, situés dans des terrains vagues qui existaient alors à Clichy ;

2° Creuser ces bassins à 5 ou 6 mètres au-dessous de l'étiage de la Seine, de manière à donner à l'égout collecteur une pente plus grande et une section moindre, ce qui en aurait facilité le curage ;

3° Adopter pour les divers égouts qui aboutissent au collecteur, un système de vannes à déversoirs, permettant de ne laisser arriver au collecteur, pendant les orages et les grandes pluies, que la quantité d'eau qui devait se rendre dans les bassins récepteurs. Le trop plein des divers égouts dans ces circonstances devant se rendre directement dans la Seine ;

4° Diviser les bassins récepteurs en compartiments disposés pour que, l'eau y arrivant avec une très faible vitesse, les parcoure lentement et successivement de manière à subir une véritable décantation. Le résultat de cette division étant de donner, dans les divers compartiments, des dépôts d'une composition différente et de faciliter, par des séparations momentanées, le travail d'enlèvement des dépôts. La durée du séjour de ces eaux dans les bassins devait être telle qu'elles arrivaient à la sortie suffisamment clarifiées, pour pouvoir être extraites par des pompes et refoulées dans des tuyaux ;

5° Enlever mécaniquement les dépôts accumulés dans les bassins, puis les expédier par bateaux et par wagons fermés ;

6° Prendre les eaux clarifiées dans les der

niers compartiments et les élever au moyen
de pompes dans des tuyaux qui auraient fran-
chi la Seine à la hauteur ordinaire des ponts ;
ces tuyaux aboutissant dans un grand réservoir placé à une altitude convenable, dans
la plaine de Gennevilliers, pour desservir
cette localité ;

7° Puiser dans ce réservoir au moyen de
nouvelles pompes, pour élever la partie des
eaux non utilisée à Gennevilliers, et les conduire ensuite, par un canal découvert, aussi
loin que cela eût été nécessaire, à la manière
des canaux ordinaires d'arrosage et d'irriga-
tion. Ces eaux étant, bien entendu, distribuées
selon les besoins sur tout le parcours du canal ;

8° Enfin, abaisser le plan d'eau de la basse
Seine, autant que possible, de manière à
drainer les basses terres et les parties sablon-
neuses où l'on eût tiré les plus grands avan-
tages des eaux d'égout. Cet abaissement du
plan d'eau, bien préférable à son relèvement
par des barrages, ce qui se fait actuellement,
aurait pour triple avantage, de favoriser la
fertilisation des terres sur une plus grande
étendue, de prévenir, dans une certaine mesure les inondations et enfin, de satisfaire aux
besoins de la navigation, que le manque,
comme le trop d'eau, empêche de prendre un
développement suffisant.

Telle est l'économie d'un projet qui date
d'un quart de siècle et dont les conclusions,
à l'heure actuelle, conservent toute leur valeur.

4° LES HABITATIONS.

La maison d'habitation est le lieu le plus
propice à l'éclosion et au développement des
germes ou des éléments malsains qui se trou-

vent dans l'air et que la voie publique fournit si abondamment.

Le seul fait d'être confiné dans un espace renfermé, comme il l'est dans les appartements et les salles publiques, suffit pour que l'air y soit rapidement vicié. Son contact avec toutes sortes d'objets et de poussières ; l'oxydation plus ou moins lente des substances les plus diverses ; les myriades d'animalcules qui y naissent et y meurent sans cesse, suffiraient à l'explication de ce fait, n'y eût-il pas d'autres causes contingentes. Mais, dès que plusieurs personnes habitent un même local, l'air s'y vicie encore plus rapidement, et, pour peu que les causes de propreté intérieure laissent à désirer, l'insalubrité arrive à atteindre de graves proportions.

Personne n'ignore que les appartements non habités ont une odeur particulière qui fait que l'on doit en renouveler l'air fréquemment. Personne n'ignore non plus que les appartements habités, principalement les lieux où se trouvent un certain nombre de personnes, comme les cafés, les théâtres, les écoles, les casernes, les hôpitaux, etc., ont besoin d'une ventilation spéciale, à laquelle on attache aujourd'hui une grande importance. Mais ce que l'on sait moins, ce que surtout les hygiénistes ne font pas connaître, c'est la part contributive de l'état actuel des habitations, dans l'ensemble des causes qui concourent à l'insalubrité générale.

Dans une récente séance de l'Académie de médecine, M. Marjolin a présenté un mémoire qui montre que, dans les quartiers excentriques seulement, il existe plus de deux mille logements ne prenant jour que sur des corridors ; et plus de trois mille qui n'ont pas de cheminée. Le savant docteur a prouvé aussi que la dégradation physique est cause, le plus souvent, de la dégradation morale, et a demandé que les architectes n'approuvent pas les plans et les constructions non conformes à la loi. Il réclame, en outre, de l'eau à profusion pour les quartiers populeux.

L'intervention de l'architecte, dans le plan de M. Marjolin, ne saurait être une mesure suffisante. D'abord parce qu'il s'agit ici de maisons existantes, pour lesquelles l'architecte n'a aucune autorisation à donner ; ensuite parce que l'on fait chaque jour, sans consulter un architecte, des aménagements nouveaux, dans l'unique but de retirer des loyers plus élevés ; enfin parce que les maisons les plus insalubres se construisent généralement sans le concours d'aucun architecte.

Deux mille logements sans air, et trois mille sans cheminée, servant peut-être à plus de dix ou quinze mille personnes, c'est déjà un gros chiffre, rien que pour les quartiers excentriques. Que serait-ce si l'on y ajoutait ceux de l'intérieur de la ville, et surtout, ceux également insalubres, où l'on trouve des cheminées ou qui prennent l'air ailleurs que dans des corridors !

Le nombre des logements insalubres est beaucoup plus considérable qu'on ne se l'imagine et les règlements sont loin de porter sur toutes les causes d'insalubrité. Il ne serait pas superflu de revoir ces règlements à nouveau, ni surtout de les faire exécuter plus strictement : car, c'est ici plus que jamais, le cas de dire que les règlements ne sont faits que pour être violés.

En faisant pénétrer partout en abondance la lumière, l'air et l'eau, on arrivera à faire contracter à tout le monde des habitudes de propreté et de bien-être qui ne seront pas sans influence sur la santé, comme sur la moralité publique.

5° LE GAZ

D'après les savants qui ont émis récemment leur opinion au sujet des odeurs de Paris, ni le gaz ni ses résidus n'ont d'influence sur le développement ou la propagation des maladies épidémiques. En outre, le goudron qu'il fournit est une matière antiseptique, employée en chirurgie pour empêcher l'infection des plaies et qui donne l'acide phénique, dont on fait usage pour arrêter la fermentation et détruire les germes les plus dangereux. On ajoute enfin, à tort ou à raison, que l'atmosphère environnant les gazomètres a des vertus médicales, puisqu'on envoie souvent respirer cet air à des enfants atteints de maladies contagieuses, la coqueluche, par exemple.

Tout cela peut être parfaitement vrai; mais en résulte-t-il que le gaz et ses résidus soient sans influence sur la santé publique, odeurs à part? N'y a-t-il pas dans la pharmacopée des milliers de remèdes qui guérissent plus ou moins certaines maladies, et dont on ne saurait faire usage impunément, lorsqu'on n'est pas forcé d'y recourir? L'arsenic et tous les poisons sont aussi des remèdes pour beaucoup d'affections : est-ce à dire que leur présence dans le sol ou dans l'air, en quantités sensibles, serait sans de graves inconvénients?

Tout ce que l'on dit à la décharge du gaz peut également se dire au sujet de la plupart des autres agents d'insalubrité, les égouts, les vidanges, etc. Il n'y a pas de maladies spéciales aux vidangeurs; les égoutiers se portent aussi bien que les gaziers, et il n'y a pas moins d'asphyxies causées par le gaz qu'il n'y en a par les égouts. S'il est des malades que l'on envoie près des usines à gaz, il en est d'autres que l'on envoie coucher près des écuries. Ce n'est donc pas sur des particularités qu'il faut juger, mais bien sur la généralité des effets.

Il serait intéressant de voir mettre à l'étude, par des médecins ayant à leur disposition des moyens d'investigation suffisants, cette question si difficile à résoudre, et pourtant d'une si grande utilité : *quelles sont les maladies occasionnées plus ou moins directement par le gaz, ou sur lesquelles il a une influence quelconque?* Cette recherche, qui intéresse au plus haut degré l'hygiène et la santé publiques, ferait, sans nul doute, intervenir le gaz ou ses résidus dans de nombreuses affections que les médecins soignent sans qu'ils puissent seulement soupçonner d'où elles proviennent. L'usage du gaz n'en continuerait pas moins à se généraliser de plus en plus; mais on saurait quelles précautions il faut prendre pour se préserver de beaucoup de maladies graves et d'indispositions passagères.

La production et la consommation du gaz ont pris des proportions telles, les usages auxquels on l'emploie sont si divers que, certainement, il doit avoir une assez grande influence sur la santé publique. Les usines qui le produisent, les fuites des tuyaux, évaluées jusqu'à 10 0/0 de la quantité de gaz qu'ils reçoivent, les produits de sa combustion sont autant d'éléments qui agissent chacun à sa manière et qui ont pour résultat commun une action insalubre que l'on peut, sans exagération, évaluer au dixième des causes générales. Les risques d'explosions et d'incendies ajoutés à cela, on voit que le gaz n'est pas sans de graves inconvénients : néanmoins, il ne faut pas songer à en restreindre l'usage qui, au contraire, ne peut que se généraliser davantage en raison des services qu'il rend.

Il faut même espérer qu'il s'en consommera le double, dès que le prix en aura été réduit de moitié, ce qui paraît ne pas devoir tarder. C'est même en raison de cette plus grande consommation prévue du gaz qu'il importe de connaître tous les inconvénients de son emploi et de rechercher les moyens d'y remédier.

6° LES CIMETIÈRES ET LES USINES INTRA-MUROS

Les cimetières ont peu d'influence sur la salubrité générale; mais ils en ont une assez marquée sur quelques points de leur entourage immédiat. Le principal inconvénient de quelques-uns est de corrompre les nappes d'eau avec lesquelles il s'établit des communications et, par conséquent, d'infecter, jusqu'à un certain degré, les puits des localités qu'elles alimentent. C'est là un fait qui a été souvent constaté et au sujet duquel des plaintes se sont assez vivement manifestées il y a quelques années.

Ce n'est pas ici le lieu de parler des divers usages et procédés de sépulture; il s'agit uniquement de considérer les choses telles qu'elles se passent actuellement, et d'indiquer les améliorations que réclament l'hygiène et la salubrité publiques, sans rien préjuger des solutions réservées à l'avenir.

Ce que j'ai dit précédemment, au sujet du méphitisme en général, s'applique nécessairement aux cimetières, étant admis toutefois qu'ils peuvent donner lieu à une infection d'un ordre quelconque, soit dans les couches plus ou moins profondes du sol, soit dans l'atmosphère. Cette infection étant possible, les cimetières doivent être fractionnés, afin que chacun d'eux, présentant une moindre étendue, ne puisse constituer un foyer malsain, dangereux pour la santé publique. Plus la division sera grande, moins l'infection sera intense et plus il sera facile d'y remédier.

Le but de toute inhumation devrait être la transformation des restes inanimés en produits utiles ; mais cette opinion qui choque les idées les plus généralement admises et qu'il ne convient pas de discuter ici, n'est pas encore sur le point de prévaloir. Il faut donc se borner, quant à présent, à chercher les meilleurs moyens de rendre inoffensifs pour les vivants, la transformation lente des produits de la décomposition des morts.

Pour mieux atteindre ce but, il y aurait diverses mesures à prendre, parmi lesquelles il convient de signaler les trois suivantes : En premier lieu, répandre dans tous les cercueils, en quantités suffisantes, des matières absorbantes qui neutralisent les produits de la décomposition, du charbon pulvérisé, par exemple. Cette pratique, d'une grande simplicité, aurait, en outre, un grand prix aux yeux des personnes assez nombreuses, qui redoutent les ensevelissements prématurés : car lorsque la vie ne serait pas complètement éteinte au moment de l'inhumation, elle cesserait forcément par suite de l'action de ces matières, ne serait-ce que par l'asphyxie insensible.

Il faut surtout, quand la maladie qui a occasionné la mort est de celles qui peuvent communiquer au sol, ou à la végétation qu'il produit, des propriétés morbides quelconques (1), ne jamais omettre de faire le néces-

---

(1) Il est aujourd'hui acquis à la science et démontré par l'expérience que le contact de la terre prise au-dessus d'une fosse où avaient été enterrées, depuis des années, des bêtes mortes du charbon, était meurtrier, comme était meurtrière aussi l'alimentation faite avec de l'herbe ayant poussé sur ces fosses. M. Pasteur croit maintenant à la facile extinction de la maladie du charbon. (Académie des sciences, Séance du 2 novembre 1880.)

3

saire pour la destruction complète de tous les germes persistants ou transmissibles. C'est là chose facile du reste.

En second lieu, espacer davantage les fosses les unes des autres, toujours en vue de diminuer l'intensité de l'infection sur un espace déterminé, et surtout renoncer à la pratique plus dangereuse encore que choquante, des inhumations en tranchées, de l'entassement des cadavres dans la fosse commune.

En dernier lieu, enfin, recouvrir la surface entière des cimetières d'une épaisse couche de terre végétale; puis garnir de gazon tous les espaces libres et planter d'arbres toutes les allées. La terre végétale est un excellent absorbant des produits de la décomposition humaine, et la végétation de la surface, en opérant la transformation complète des gaz engendrés, prévient toute espèce de danger : pourvu, bien entendu, que cette surface soit en rapport avec la quantité de ces gaz.

Des cimetières où ces diverses conditions seraient bien remplies, pourraient, sans inconvénient aucun, se trouver, même au milieu des villes. Malheureusement, le désir d'avoir des nécropoles, ne permet pas d'espérer que l'on fera de sitôt ce qu'exigent le bon sens et l'intérêt public.

Les usines *intra-muros*, dont le nombre est si considérable à Paris, apportent aussi leur contingent d'insalubrité. Non pas qu'elles donnent lieu à des émanations miasmatiques ou putrides, ni qu'elles aient une influence connue sur les maladies épidémiques ou endémiques que l'on redoute tant ; mais à cause des fumées qu'elles envoient sans cesse dans l'atmosphère, et des résidus de toutes sortes qu'elles produisent et qui sont, le plus souvent rejetés sur la voie publique.

Ce ne sont pas les décrets et ordonnances qui manquent sur cette matière, mais leur application n'a jamais été faite sérieusement, car, pour ne parler que de la fumée, il existe des moyens fumivores que la pratique eût rendus excellents si leur emploi obligatoire s'était généralisé.

7° LES ÉTABLISSEMENTS CLASSÉS DE LA BANLIEUE.

Les établissements classés de la banlieue ont été, comme les égouts, comme les vidanges, accusés d'avoir causé, presque à eux seuls, l'infection de Paris. Contrairement à cette opinion, qui paraît avoir de très nombreux partisans, je ne saurais admettre que les usines dont il s'agit aient une influence aussi marquée qu'on est porté à le croire, sur la salubrité de la ville elle-même.

Les odeurs qui franchissent parfois la ligne des fortifications, sur certains points, et qui peuvent même, dans des circonstances exceptionnellement favorables, se faire sentir jusque sur les anciens boulevards extérieurs, sont, en définitive, plus désagréables que malsaines lorsqu'elles arrivent à un tel état d'affaiblissement et, s'il faut constater leur présence quand elles existent, il faut bien se garder d'exagérer la portée de leur influence. Ce n'est que par des temps de calme presque absolu, avec un courant atmosphérique excessivement faible, dans une direction quelconque, que ces odeurs peuvent être portées à des distances de trois ou quatre kilomètres, et qu'elles peuvent y parvenir avec assez de force pour qu'elles y soient perçues facilement. Encore faut-il pour cela, qu'à de pareilles distances, elles trouvent une atmosphère suffisamment pure, non chargée d'une infinité d'odeurs diverses beaucoup plus intenses qu'elles ; ce qui est le cas pour l'intérieur de Paris.

Il est vraisemblable de penser que ces odeurs, miasmes et autres émanations malsaines, se propagent à peu près comme la lumière, la chaleur, le son, etc., et que l'action d'un foyer d'émission quelconque est proportionnelle à l'intensité de ce foyer ; qu'en outre, cette action diminue d'énergie à mesure qu'augmente l'espace dans lequel elle est dispersée. Si ce n'était l'influence exercée par la configuration du sol ou les courants atmosphériques, on pourrait dire, en principe, que pour un point quelconque, l'intensité des émanations est proportionnelle à l'énergie du foyer émanant et inversement proportionnelle au carré de sa distance à ce foyer.

C'est cette loi qui fait que nous sentons très distinctement une odeur faible placée près de nous, alors qu'une autre, beaucoup plus forte, mais éloignée, passe inaperçue. C'est cette même loi encore qui explique pourquoi le méphitisme, comme toute infection, comme aussi toute cause agissant en sens inverse, est essentiellement local.

La configuration du sol, les arbres, les constructions, etc., ont une action marquée sur la propagation des émanations, en ce sens qu'il en résulte des obstacles, des courants, des changements de direction qui protègent certains espaces et facilitent l'envahissement de certains autres. Les vents agissent plus énergiquement parce qu'ils produisent une dispersion plus rapide et plus complète des émanations dans la masse atmosphérique ; ils facilitent aussi, par le mouvement de l'air et cette grande dilution, l'oxydation plus prompte et plus complète des produits émanés et par suite leur disparition. Aussi, n'est-ce jamais par les grands vents, ni même par des vents d'une faible intensité, que les odeurs peuvent être à redouter au loin.

C'est donc bien à tort que l'on a prétendu, avec la plus grande bonne foi, bien certainement, que certaine usine de Nanterre se faisait sentir jusqu'aux Champs-Elysées, et que l'on a accusé les vents du Nord et de l'Ouest, soufflant sur Paris, d'infecter la ville en y apportant les émanations de la plaine Saint-Denis. De telles affirmations remettent en mémoire cette charge spirituelle sur l'homéopathie : prenez une goutte du médicament, versez-la dans la Seine, au pont de la Concorde, et courez à Honfleur boire un verre d'eau de la rivière, la dilution sera à un degré convenable. Il est bien certain, en effet, que le promeneur des Champs-Elysées sentira bien plus fortement ce que le cheval qui passe vient de déposer sur le sol, que les émanations d'une usine située à Nanterre, quelque puante qu'elle puisse être du reste. Rien ne serait plus facile à démontrer que cette vérité, s'il existait des moyens pratiques pour mesurer les odeurs comme on mesure la chaleur ou la lumière, si on pouvait les décomposer pour savoir d'où elles proviennent, comme on décompose un rayon lumineux ou la plupart des gaz.

Les établissements classés, dépotoirs, usines de vidanges, fabriques de sulfate d'ammoniaque, fonderies de graisses et autres, plus ou moins infects, plus ou moins insalubres, répandent autour d'eux des émanations plus ou moins dangereuses, mais certainement nuisibles à l'hygiène et au bien-être local. Bien que chacun d'eux, pris isolément, ne constitue pas un danger public dont il y ait lieu de trop s'émouvoir, il s'en trouve un nombre tellement considérable dans la plaine qui est au nord de Paris, que cette plaine peut être considérée comme un véritable foyer d'infection. Les établissements dont il s'agit entrent certainement pour les neuf dixièmes des causes insalubres qui existent dans cette localité, qui compte une population de plusieurs centaines de mille habitants.

C'est au nom de cette population qu'il importe de prescrire les mesures d'assainissement qui peuvent être prises. Car, quoi qu'on fasse dans cette voie, on ne saurait assez donner satisfaction à de légitimes exigences. Aussi doit-on réclamer pour cette contrée si industrielle, ce que l'on réclame pour Paris : de l'eau en grande quantité ; des égouts suffisants ; des plantations plus nombreuses, un plus grand espacement des usines à émanations malsaines, toutes les mesures enfin que nécessite l'état déplorable de ces localités.

S'il ne faut pas hésiter à reconnaître toute la gravité des foyers d'infection qui avoisinent Paris, si l'on doit réclamer infatigablement l'application des moyens d'en atténuer les effets, il ne faut pas non plus les accuser d'apporter à l'infection de la ville elle-même une part plus grande qu'il ne convient.

Considérées au seul point de vue de Paris, il est facile d'obtenir une préservation complète de la ville contre toutes ces émanations de la banlieue. Pour cela il n'est pas besoin de grandes combinaisons, ni de grandes dépenses. On sait, en effet, que si les émanations du dehors ne sont pas à craindre lorsqu'il fait du vent, elles ne se propagent, en temps calme et lourd, qu'en rasant pour ainsi dire le sol. Si elles s'élevaient à de grandes hauteurs, nous ne nous en apercevrions pas.

Il faut donc opposer à cet envahissement.

une barrière que ces émanations ne puissent franchir sans éprouver de profondes modifications, partout où elles arrivent. Or, cette barrière, qui ne saurait être ni une muraille, ni un terre-plein au-dessus desquels elles passeraient, serait suffisante si elle était seulement formée de quelques rangées de grands arbres à feuillage touffu et d'une bande de gazon d'une largeur de deux ou trois cents mètres. C'est le propre des végétaux de décomposer, pour se les assimiler, la plupart des principes disséminés dans l'air. Or, en pénétrant à travers les feuillages et en passant sur l'herbe, il se produirait une sorte de tamisage essentiellement favorable à la purification de l'air, surtout si l'on y entretenait une humidité suffisante par de fréquents arrosages et si l'on choisissait les essences des plantations parmi celles dont l'action revivifiante est si connue.

Cette solution désirable à tant de points de vue est d'une réalisation facile, si l'on veut enfin utiliser les fortifications. Il a été assez péremptoirement démontré qu'elles ne servaient à rien, si ce n'est à entraver la circulation et une foule de mesures d'un véritable intérêt public, seules choses auxquelles elles aient opposé un obstacle invincible.

8° ÉMANATIONS ANIMALES.

Il y a à Paris deux millions d'habitants et plusieurs centaines de mille animaux divers qui, en outre de leurs déjections, répandent constamment autour d'eux, par suite de la respiration, de la transpiration et autres émanations, des odeurs et des gaz éminemment insalubres. C'est là un élément qu'il ne faut

pas négliger dans un travail analytique, lorsqu'on étudie les causes d'infection d'une
grande ville. Il le faut d'autant moins que
ces émanations ne produisent pas simplement
une altération de l'air respirable, comme on
pourrait le croire, mais qu'elles sont vraisemblablement le mode de propagation de
certaines affections. Ce n'est pas autrement
que se communiquent certaines maladies
d'hôpitaux et d'autres dont les causes sont
moins connues, parce qu'elles échappent aux
recherches sur ce sujet.

Si nous vivions toujours au grand air, on
pourrait négliger cette cause d'infection, en
raison de la rapide dispersion dans l'espace de
toutes les émanations qui se répandent dans
l'atmosphère et de leur rapide oxydation par
l'oxygène de l'air en mouvement. Mais il n'en
est point ainsi, et la nécessité d'une ventilation efficace dans les lieux habités montre
bien que la cause dont il s'agit a son importance au point de vue de l'hygiène.

Lorsqu'un certain nombre d'êtres animés
vivent dans des espaces trop restreints par
rapport à la durée du temps pendant lequel
ils y séjournent, il se forme une atmosphère
spéciale essentiellement malsaine : des maladies particulières aux êtres qui cohabitent
dans ces espaces : par exemple, le scorbut
chez l'homme et des affections très diverses
selon les différentes espèces d'animaux. Ces
maladies gagnent les individus sans qu'il y
ait nécessairement transmission de l'un à
l'autre, ni même un manque d'air en appa-
rence. On peut dire qu'il se produit des ac-
tions de présence dont on ignore l'explication,
mais dont la cause pourrait bien n'être autre
chose que les émanations individuelles dont
il s'agit.

Un fait qui prouve bien l'existence et l'action d'émanations individuelles inconnues,

c'est que certaines organisations d'une grande sensibilité éprouvent un véritable malaise dans des réunions nombreuses, même quand la ventilation ne laisse rien à désirer.

Mais quand ces émanations se produisent dans un local trop restreint, elles peuvent prendre des proportions telles que les personnes qui y vivent habituellement y deviennent rapidement anémiques et quelquefois y trouvent la mort, sans que rien puisse faire prévoir ce résultat fatal.

On conçoit que si les choses peuvent avoir une telle gravité sans que des symptômes révélateurs aient nettement décelé la véritable cause du mal, il doit y avoir une infinité d'autres cas où, agissant à un degré moindre, la même cause, pour agir d'une façon moins funeste, doit néanmoins avoir une influence mauvaise sur la santé. Nul doute qu'une investigation minutieuse, si elle était possible, montrerait que les neuf dixièmes des maisons d'habitation, laissent plus ou moins à désirer sous le rapport des conditions hygiéniques que l'on pourrait réaliser sans trop de difficulté.

C'est aux médecins et aux hygiénistes d'étudier ce grave problème et de préconiser les indications qu'ils croiront pouvoir amener à un bon résultat dans ce sens.

CONCLUSION.

Faire arriver partout, avec profusion, l'air, la lumière et l'eau ; multiplier et surtout entretenir convenablement les plantations et les jardins publics ; supprimer ou atténuer quelques-unes des causes d'infection connues ; enfin, utiliser au profit de l'agriculture les eaux vannes des égouts ; telles sont les principales indications mises en lumière dans cette étude.

C'est moins aux règlements administratifs qu'à des moyens matériels qu'une bonne solution doit être demandée et c'est par de grands travaux de voirie, d'édilité et d'assainissement, qu'il faut résoudre le problème posé. Lorsqu'on aborde une question de cette importance, il ne faut point faire les choses à demi, ni laisser de côté des mesures utiles à la prospérité de la ville, au bien-être de ses habitants. Il faut voir les choses de haut, ne rien négliger de ce qui est nécessaire, à quelque point de vue que ce soit, et en finir aussi promptement que possible avec les restes encombrants, incommodes et malsains du vieux Paris.

Paris est la ville agréable par excellence, rien n'est plus facile que de faire qu'elle soit aussi la plus salubre et la plus prospère de toutes les capitales du monde.

La réalisation du désidératum que j'ai indiqué exige des travaux d'utilité publique exécutés sur une plus grande échelle que cela ne s'est jamais fait, larges percées d'avenues et de boulevards, nivellement et redressement de rues et de quartiers, travaux d'aménagement des eaux et des égouts, plantations nombreuses, chemins de fer aériens électriques.... tout cela exécuté rapidement, suivant un plan d'ensemble bien complet et bien arrêté, étudié en dehors de toute influence d'intérêts personnels. Voilà le programme à suivre.

La réalisation d'un tel programme nécessite forcément des démolitions et des expropriations sur une vaste échelle. Il importe, pour la moralité et la bonne gestion des affaires publiques, que les errements suivis il y a quelques années soient enfin abandonnés.

Trop de gens ont considéré l'expropriation comme un moyen de faire promptement fortune; des indemnités scandaleuses ont été allouées, sous des influences très diverses: telle expropriation qui enrichissait le propriétaire dont on démolissait l'immeuble portait un préjudice indirect à des voisins auxquels on ne touchait pas. D'un côté la fortune imméritée, de l'autre des pertes non justifiées. Des percées entières ont même été faites, dit-on, pour favoriser certaines spéculations. Quelque exagération qu'il ait pu y avoir dans les récriminations qui se sont produites, il est certain que les choses ne se sont pas toujours passées honnêtement et qu'en tous cas les évaluations des jurys sont loin d'avoir été à l'abri de tout reproche.

Il serait pourtant bien simple d'adopter une règle équitable qui sauvegarderait les justes intérêts des expropriés, qui ne grèverait pas de charges exorbitantes les opérations pour lesquelles ces expropriations sont nécessaires. Par surcroît, il en résulterait bien souvent une répartition plus juste de l'impôt. Pour cela, il suffirait simplement de prendre pour base des évaluations du jury d'expropriation, le chiffre des contributions payées pour la chose expropriée.

Admettons par exemple que la loi fixe pour toute propriété, commerce ou industrie, le tant pour cent d'impôt qui doit être payé sur sa valeur vraie ou sur ce qu'elle rapporte, ce qui serait juste évidemment et ce qui est un peu ce qui se fait. Admettons, en outre que la loi sur les expropriations dise que l'indemnité payée à l'exproprié sera basée sur le chiffre des contributions payées pour la chose expropriée, augmentée de tant pour cent, à cause du trouble apporté dans la jouissance et pour toutes les autres raisons que l'on peut faire valoir.

Cela étant posé comme une loi, et par conséquent comme une règle absolue, trois hypothèses seulement peuvent se produire : ou l'exproprié paiera la somme d'impôts qui correspond justement à la valeur vraie de la chose, ou il paiera moins, ou enfin il paiera plus. Examinons ces trois hypothèses :

1° Si l'exproprié paie exactement les impôts qui incombent à ce qu'on lui prend par rapport à sa valeur vraie, on lui paie cette valeur, plus une juste indemnité dont le chiffre est déterminé par rapport à cette valeur.

2° Si l'exproprié paie moins d'impôts qu'il ne devrait le faire, il y a eu fraude de sa part vis-à-vis du trésor et de cette fraude il se trouve victime en touchant une indemnité moindre; quoi de plus juste?

3° Si, au contraire, il paie une somme plus élevée que celle qui correspond à la valeur vraie de la chose qu'on lui prend, en vue probablement d'une expropriation future dont il cherche à tirer un gros prix, c'est alors qu'intervient le jury d'estimation; car on ne saurait admettre qu'une spéculation de ce genre ne fût pas prévue. Le jury aurait alors à rechercher, dans les années précédentes, les chiffres d'impôts payés, et, en définitive, à fixer la valeur vraie. Dans certains cas s'il y avait fraude volontaire, évidente, tromperie bien constatée, l'intervention des tribunaux pourrait être invoquée pour l'application de pénalités prévues.

De cette façon les choses se passeraient correctement, il y aurait de moins nombreuses contestations, et le trésor y trouverait certainement un supplément de revenus.

Après cette digression, qui a bien son utilité, je termine en résumant ainsi les conclusions de ce travail :

Aucune des causes infectantes qui ont été considérées ne peut être entièrement détruite, mais toutes peuvent être atténuées dans une certaine mesure. C'est en faisant porter sur chacune d'elles les mesures qui peuvent les combattre que l'on obtiendra le résultat désiré. Ces mesures se résument ainsi :

1° Amener à Paris la plus grande quantité d'eau possible, de manière à satisfaire largement à tous les besoins publics et privés.

2° Compléter le réseau des égouts aussi rapidement que possible.

3° Persister dans la voie de l'utilisation agricole des eaux d'égout, répandues sur une étendue aussi grande qu'on le pourra.

4° Supprimer progressivement tous les moyens de vidanges autres que l'envoi direct à l'égout.

5° Créer un réseau complet de voies aériennes électriques pour faciliter la circulation des voyageurs et réduire le nombre toujours croissant des chevaux en service.

6° Multiplier et surtout mieux entretenir les plantations dans l'intérieur de la Ville : transformer le champ de Mars ainsi que les fortifications.

7° Reviser les règlements sur les logements insalubres et appliquer plus strictement leurs prescriptions.

8° Améliorer l'état des cimetières.

9° Enfin, procéder à l'assainissement de la plaine Saint-Denis et de toute la banlieue.

J. CHRÉTIEN,

Ingénieur civil.

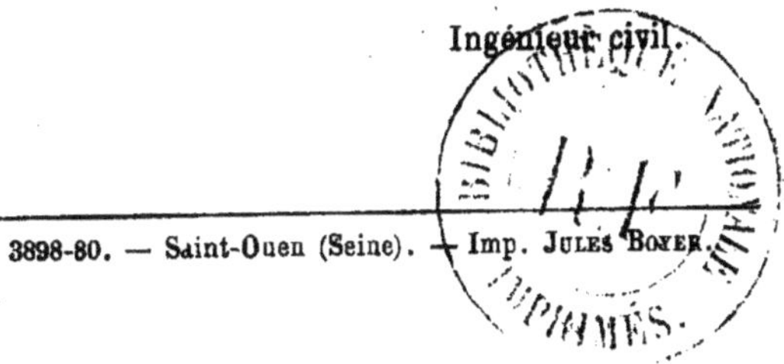

3898-80. — Saint-Ouen (Seine). — Imp. JULES BOYER.

www.ingramcontent.com/pod-product-compliance
Lightning Source LLC
LaVergne TN
LVHW022358170726
843503LV00008B/3700